DU DROIT ROMAIN

SUR LES

TRAVAUX PUBLICS

EN GÉNÉRAL

SPÉCIALEMENT SUR LES AQUEDUCS

DU DROIT ROMAIN

SUR LES

TRAVAUX PUBLICS

EN GÉNÉRAL

ET SPÉCIALEMENT SUR LES AQUEDUCS

PAR

M. P. A.-F. MALAPERT

AVOCAT, DOCTEUR EN DROIT

De la Société Philotechnique, ancien Président de la Société

pour l'Instruction élémentaire.

—⁂—

PARIS

IMPRIMERIE POITEVIN

RUE D'AMIETTE, 2 ET 4

—

1865

DU DROIT ROMAIN

SUR LES

TRAVAUX PUBLICS

EN GÉNÉRAL

SPÉCIALEMENT SUR LES AQUEDUCS

PAR

M. P.-A.-F. MALAPERT

AVOCAT, DOCTEUR EN DROIT

De la Société Philotechnique, ancien Président de la Société
pour l'Instruction élémentaire.

———

*Une ville du Midi croit devoir, dans l'intérêt
public, reviser les concessions d'eau qu'elle a accordées sur les fontaines communales ; les concessionnaires refusent de subir les règlements
nouveaux et prétendent que les anciennes con-*

1.

cessions ne peuvent être modifiées. Les adver-
saires des règlements nouveaux ont invoqué à
leur aide une opinion émise par M. Troplong
sur le Droit romain; ils se cramponnent à cette
opinion avec énergie et résistent aux demandes
de la ville leur adversaire. Je crois que les parties auraient tort de renfermer le débat dans
l'interprétation du Droit Romain. En effet, QUA-
TORZE CENTS ans nous séparent du temps où
cette législation était la seule à régir la France.
Cependant les parties en procès semblent être
convenues de s'en tenir à l'interprétation de certains textes; elles ont, pour la connaître, demandé
l'avis de plusieurs jurisconsultes. L'un de ceux
à qui l'on s'est adressé m'a fait l'honneur de me
consulter. J'ai, sur les observations de mon con-
frère, été conduit à étudier les textes la plume à
la main. De là ces quelques pages, résultat de
mon travail. Je répète que je m'explique sur une
curiosité, mais non sur un procès. La solution
cherchée n'est pas seulement dans les constitutions d'Honorius ou de Zénon. Il faut toujours
se rappeler que les lois ne sont pas immuables;
elles changent au contraire avec les mœurs. De

tout temps encore les employés des administra-
tions publiques, au lieu d'étudier le droit établi,
ont demandé des lois nouvelles. Ainsi les anciens
Romains prétendaient-ils que leurs lois auraient
fait la charge de plusieurs chameaux. L'igno-
rance des administrateurs, les changements dans
les idées ayant amené tant de modifications dans
les branches de la législation, il en résulte qu'il
ne faut jamais chercher une solution dans le
CORPS DU DROIT romain, sans descendre pas à
pas jusqu'à nous. Ainsi, pour donner une opinion sur la décision à intervenir sur le procès
dont j'ai parlé, il faudrait, après avoir exposé
les idées qui résultent de l'étude des lois romaines,
s'informer des lois postérieures, siècle par siècle,
s'il est possible, et arriver de l'antiquité à 1865,
sans avoir rien omis. La manière que j'indique
est la seule bonne, quand on veut juger les questions de droit par l'histoire; elle est malheureu-
sement peu usitée. On s'en tient d'ordinaire à ce
que renferme le CORPUS JURIS CIVILIS, puis on
saute de là au dix-huitième siècle, comme s'il
n'y avait pas eu 1,200 ans d'intervalle. Cette
manière d'étudier est absurde: Championnière a

voulu réagir contre elle, mais il est demeuré sans imitateurs. Je tiens à rappeler la méthode de ce jurisconsulte, parce que je parais l'abandonner en bornant ma dissertation à l'examen du Droit romain sur la matière dont je m'occupe. Mes critiques comprendront ma position ; en effet, la plus grande réserve m'est commandée par le procès qui a donné naissance à cette étude. Il me semble hors de propos de faire un travail complet sur un débat auquel je n'ai rien à voir ; je pourrai terminer mon esquisse quand les tribunaux auront prononcé. En attendant, et pour bien poser la question, je vais examiner quelle était la législation des travaux publics chez les Romains. Dans le premier chapitre, je poserai les principes généraux ; puis, dans un second, intitulé Des acqueducs et de la législation qui les régissait, j'examinerai les questions particulières à cette espèce de travaux.

CHAPITRE PREMIER

De la Législation romaine en matière de Travaux publics.

QUE LES TRAVAUX PUBLICS ÉTAIENT FAITS DANS L'INTÉRÊT GÉNÉRAL DE L'EMPIRE OU DANS CELUI D'UNE PROVINCE, D'UNE VILLE, D'UNE LOCALITÉ DÉTERMINÉE.

Les jurisconsultes modernes semblent considérer l'empire romain comme une unité dont toutes les parties avaient la même législation. C'est là une de ces erreurs capitales qui suffisent pour embrouiller un sujet. Les traités avaient au contraire fait des conditions différentes à toutes les peuplades successivement annexées à l'ensemble connu sous le nom d'Univers romain. Chaque peuple ou tribu soumis par les armes de la république ou de l'empire, chaque portion, en un mot, associée au destin de Rome, avait reçu des conditions particulières. Des lois, le plus souvent des plébiscites ou des sénatus-consultes, avaient déterminé les conditions de l'annexion, en constituant des priviléges plus ou moins étendus pour les cités ou les municipes englobés dans ce vaste ensemble. Certaines populations avaient conservé leur propre législation, d'autres avaient reçu le droit de cité romaine avec ses avantages, c'était l'exception; la plupart se trouvaient dans une certaine infériorité. Enfin les provinces étaient appelées de ce nom, parce qu'elles étaient soumises à la volonté, au bon plaisir des vainqueurs, maîtres absolus des cités et des nations vaincues, *provictœ provinciœ*. Ces différences avaient établi des diversités infinies dont notre centralisation ne nous permet pas d'apercevoir l'effet. Par exemple, il y avait des cités, c'est-à-dire des départements, qui se régissaient eux-mêmes, par leurs officiers municipaux, assistés d'un conseil ou sénat local; ailleurs nous voyons que le représentant de la république ou de l'empire agissait soit avec un contrôle de l'administration

locale, soit au contraire en souverain, respon-
sable seulement devant Rome. Mais quand les
magistrats municipaux gouvernaient la cité,
quand ils contrôlaient la gestion du délégué de
la république ou de l'empire, ils le faisaient
suivant les droits qui leur avaient été concédés
par l'acte qui les avait admis dans l'Univers
romain. Ces vieux traités étaient conservés avec
un soin religieux. Nous sommes trop loin aujourd'hui de ces temps pour apprécier les
nuances qui séparaient les attributions multiples
des divers magistrats, en apparence établis de
la même manière pour les mêmes fonctions. L'in-
fluence des priviléges (lois particulières) n'est
pas toujours facile à saisir, quand on étudie les
textes épars dans le corps du Droit romain. Cependant, et sans nous préoccuper des fonctions
attribuées aux divers administrateurs, nous savons que l'on distinguait, dans la législation romaine, le domaine public général et les travaux
qu'on pouvait y faire du domaine municipal. Il
serait intéressant de suivre cette distinction : on en
saisit immédiatement l'importance ; mais il est im-
possible d'en présenter le tableau exact et complet.

GRANDEUR DES TRAVAUX PUBLICS DES ROMAINS

Lorsque l'empereur Constance fit son entrée dans Rome, il y voyait, dit Ammien Marcellin, tant de merveilles que ses yeux étaient éblouis. Chaque chose présente à sa vue était la plus excellente de toutes. En effet, les édifices publics étaient sans nombre, leur architecture surpassait les rêves de l'imagination; rien ne se pouvait comparer aux temples de Jupiter Tarpéien et de la Paix, au Panthéon, au théâtre de Pompée, à l'Odéon, au Stade, au Forum de Trajan et à mille autres monuments superbes par leur ordonnancement général comme par les décors et les statues qu'on y remarquait. Il y avait aussi les constructions moins brillantes mais plus utiles des aqueducs, des voies publiques et des égouts. Les ruines fastueuses que l'on rencontre à chaque pas attestent encore aujourd'hui la puissance du peuple-roi, dont la patience égalait l'énergie.

Les œuvres gigantesques créées par la république et l'empire ont nécessité des mesures législatives comparables à celles que nous avons et observons à l'occasion de nos travaux publics. Il serait insensé de croire que nous avons beaucoup innové en semblable matière. Cependant je confesse qu'aujourd'hui nous sommes dans l'impuissance de reconstituer l'ensemble de la législation sur les travaux publics des Romains. Les principes seuls nous sont restés. Ils sont conservés dans le Digeste, dans le Code Théodosien, dans le Code de Justinien et dans les Novelles; Tite-Live, Tacite, Suétone peuvent fournir de bons renseignements; Frontin, surtout, dont il sera parlé plus tard, nous a donné des notions suffisantes pour qu'il nous soit facile de reconnaître comment on procédait dans l'ancienne république et sous les empereurs.

DE L'ÉTABLISSEMENT DES TRAVAUX PUBLICS

L'établissement des ouvrages publics a toujours été une grande affaire. En effet, lorsque les
égouts de Rome ont été creusés, la ville était
à son premier âge; cependant elle fut suspen-
due au-dessus de canaux voûtés dont l'élévation
était telle que l'on aurait pu y faire passer une
charrette chargée de foin. De pareilles entreprises portaient atteinte à la propriété, c'est
pourquoi elles durent être sanctionnées par l'autorité; ainsi une loi, un sénatus-consulte furent
nécessaires pour ordonner les travaux publics.
(L. 2, *Pr. Dig.*, *Ne quid in loco publico.*) Par loi
il ne faut pas entendre ici les lois proprement
dites, c'est-à-dire rendues sur la proposition
d'un magistrat capable de prendre les augures;
car des travaux pouvaient être décidés par un
plébiscite, c'est-à-dire un acte voté par les tribus,
sur la proposition des magistrats plébéiens.
Sous l'empire, un édit du prince suffit pour

décider que des travaux publics seraient entrepris. (*Ead. lege.*) L'acte qui enjoignait de faire
ces ouvrages désignait le fonctionnaire chargé
de les exécuter. C'était, le plus souvent, à l'un
de ceux dont les pouvoirs expiraient que ce
soin était commis. Les triomphateurs, par
exemple, y employaient la dépouille des vaincus.
Le sénat, en indiquant pour ces établissements
tel ou tel magistrat, veillait à ce qu'un particulier
ne devînt pas assez riche pour menacer la république. Les consuls, les censeurs, les préteurs,
les édiles, les questeurs furent, suivant les
temps, chargés de la construction et de la réparation des travaux publics. Appius Claudius
Cæcus était censeur quand il fit la voie Appienne; Titus Flaminius établit, en sortant de
son premier consulat, la voie Flaminienne. Il fit,
étant de nouveau consul, la voie qui conduit de
Bologne à Arezzo. César, puisque César est de
mode, et son collègue Bibulus, furent désignés
pour être, après leur consulat, curateurs des
routes et des forêts. Ce nom de curateur, *curator*,
indiquait à la fois la dignité de celui qui en était
revêtu et la fonction qu'il devait accomplir. Sous

2.

l'empire, l'usage de nommer des curateurs se continua. Ælius Quintus Tubéron et Fabius Maximus furent désignés, sous leur consulat, en 743, pour être, quand ils sortiraient, les curateurs des eaux. Le préfet de la ville remplaça, sous l'empire, les magistrats auxquels la police de Rome était autrefois confiée; on peut dire qu'il fut fait le surintendant des travaux publics de la capitale. Il devint donc l'ordonnateur et l'exécuteur de tous les ouvrages nécessaires à l'assainissement et à l'embellissement de Rome. Agrippa, préfet sous Auguste, a rebâti la ville, l'a ornée de monuments célèbres, a perfectionné la viabilité, a fait de nouveaux aqueducs et a complété les travaux des égouts. Il a été un grand démolisseur et un habile entrepreneur. C'est, avec l'amitié de l'empereur, ce qui constitue sa gloire.

Nous trouvons donc, pour l'établissement des travaux publics, d'abord le préfet de la ville; viennent ensuite les gouverneurs des provinces, chacun dans leur territoire, et, au-dessus d'eux tous, le préfet du prétoire. Ajoutons que le préfet de la ville de Constantinople eut des attributions analogues à celles qu'avait le préfet de la ville à Rome. A côté de ces fonctionnaires se trouvaient les curateurs, de sorte qu'il y avait une sorte de juridiction spéciale, qui pouvait se trouver en conflit avec l'administration générale.

Les généraux d'armée étaient maîtres absolus dans le pays où ils commandaient. Les historiens nous ont laissé le souvenir des ouvrages que ces délégués de la république et de l'empire entreprenaient dans leurs gouvernements. César a fait des routes stratégiques, filets tendus pour l'asservissement des Gaules ; ces routes sont les seuls monuments que le vainqueur ait laissés après lui. Les gouverneurs ducs des provinces étaient, avons-nous dit, compétents pour établir, conserver et reconstruire les ouvrages militaires. Ils employaient à ces travaux les bras de leurs soldats et ceux des habitants des provinces. Le Code Théodosien nous a transmis le souvenir des attributions des généraux, en nous rappelant que le duc de la Dacie était chargé de relever les forteresses utiles à la défense de l'empire. (L. 13, *Cod. Theod., De Op. pub.*)

L'édit du préteur rapporté dans la loi 2,

Pr. ff. Ne quid in loco publico, punit ceux qui nuisent au domaine public *en y portant dommage,* sans qu'une loi, un sénatus-consulte, un édit du prince, ait autorisé leurs entreprises. Il suit de là que, si un particulier a construit un édifice public sans causer un dommage, il a agi dans la limite de son droit. En effet, plusieurs constitutions permettent aux magistrats des cités, et même au premier venu, d'entreprendre des travaux publics. Ces lois imposent pour toute obligation, à celui qui a commencé une œuvre de ce genre, la condition de mener son entreprise à fin. (L. 14, 15, 16, 17, 19, 21, 29, *Cod. Theodos.,* *De op. pub.*)

On trouve aussi une constitution qui défend de commencer un ouvrage public avant l'achèvement des travaux en cours d'exécution. (L. 22, *Cod. Just., De op. pub.*) Ces dispositions, édictées surtout pour les magistrats municipaux, étaient des préceptes de conduite et non des règles auxquelles on était tenu d'obéir. Si la prudence est une vertu, la témérité est un vice qui n'est pas caractérisé et prévu par la loi pénale. Peut-être faut-il dire que la règle a été de laisser chacun établir les ouvrages publics qu'il lui plaisait de faire, mais qu'il était défendu d'entreprendre sans autorisation ceux des travaux qui entraînaient une dépense pour le trésor public. (L. 3, *Dig.*, *De op. pub.*)

Les travaux publics d'intérêt général étaient ordinairement confiés, comme nous venons de le dire, à des curateurs, qui traitaient à leur tour avec des entrepreneurs, *redemptores* (Cujas, sur le Code de Just., *De oper. publ.*) Le nom de l'empereur et celui du magistrat qui l'avait achevé devaient seuls figurer sur un ouvrage de ce genre. Citons cette inscription, rappelée par Cujas, et qui semble être un modèle :

Senatus P. Q. R. Imperatoribus Cæsaribus dominis nostris invictissimis, Arcadio et Honorio, ob instauratos urbis æternæ muros, portas ac turres ad perpetuitatem nominis eorum simulacra instituit, curante Flavio Macrobio Longiniano, viro| clarissimo, præfecto urbi dicato numini majestatique eorum.

L'empereur, en cas de doute, décidait que le nom devait figurer près du sien.

DES TRAVAUX PUBLICS MUNICIPAUX

Les travaux publics, avons-nous dit, se divisaient en deux classes, ceux qui intéressaient l'empire en général et ceux qui n'intéressaient qu'une cité. Cette distinction, remise en lumière par le savant jurisconsulte Proudhon, était connue dans l'ancienne jurisprudence romaine. Ainsi on distinguait très-bien dans les lois les biens du domaine public de l'Etat, d'avec ceux du domaine public municipal. (Gaïus, *Sur l'Edit provincial,* l. 9, *Dig., De usurpat.*)

Les travaux publics municipaux étaient probablement décrétés souverainement par l'autorité locale. On a cité à ce propos la loi 17, § 7, du titre *De usuris* au Digeste, et la loi 2, § 1, *De op. pub.* Mais ces textes ne prouvent pas d'une manière suffisante ce qu'il fallait démontrer.

L'ensemble des lois et des constitutions impériales indique que pour les grands travaux publics on demandait un acte de l'autorité souveraine; que cependant les magistrats locaux ou même de simples particuliers pouvaient faire des ouvrages publics. Il semble résulter de ces mêmes constitutions que l'administration centrale s'attribuait le droit de contrôler les actes des conseils et des magistrats locaux; de sorte qu'il est très-difficile de marquer au juste les attributions des divers fonctionnaires, qui paraissent avoir eu qualité pour s'occuper des travaux. Certains jurisconsultes se tirent de la difficulté en disant que l'autorité centrale devait toujours être consultée, quand les travaux exigeaient le concours du trésor. Autrement ce concours supérieur n'était pas indispensable.

Les magistrats gouverneurs des cités sont connus en jurisprudence sous le nom de *judices* : c'est sous cette appellation qu'il en est fait mention dans le titre du Code Théodosien, *De operibus publicis*. On peut se demander avec raison si c'était à eux ou aux officiers municipaux proprement dits qu'incombait le soin des travaux publics; nous n'avons, sur ce point, pas de renseignements précis; seulement, quand nous parlerons de la surveillance de ces ouvrages, nous remarquerons que les gouverneurs des provinces et les officiers municipaux devaient tous veiller à l'entretien et à la réparation de ces parties du domaine public. Les uns et les autres devaient probablement concourir à leur établissement, les officiers municipaux par un vote sur la dépense, les gouverneurs, juges ou comtes, par une approbation.

DE L'EXPROPRIATION POUR CAUSE D'UTILITÉ
PUBLIQUE

Les particuliers ont toujours été soumis aux exigences de l'intérêt général. Dès les temps les plus anciens on a pratiqué l'expropriation pour cause d'utilité publique. M. de Fresquet a publié sur ce sujet, envisagé dans le Droit romain, uue dissertation remarquable insérée dans le volume de l'année 1860 de la *Revue historique du Droit français et étranger*; M. de Serrigny a, à son tour, abordé la matière dans son traité du droit public et administratif romain. Nous avons consulté ces deux ouvrages et nous avons profité de ce qu'ils renferment, sans pour cela accepter tout ce qu'ils enseignent, et sans nous croire tenu de les réfuter.

Ainsi, avant de parler de l'expropriation pour cause d'utilité publique, à l'occasion de travaux d'utilité générale, M. de Fresquet a jugé utile de rappeler que le propriétaire pouvait, en certains cas, être forcé par l'autorité publique de laisser vendre ses biens, qui dans d'autres circonstances étaient confisqués. Il a cité pour exemples les cas où avait lieu l'affranchissement et l'achat des esclaves malgré leurs maîtres. Il a encore invoqué les lois et les extraits des historiens sur les actes des empereurs fixant un *maximum* pour la vente des denrées alimentaires. Ces exemples n'avaient rien à faire ici. Mais c'est avec raison que le même auteur a noté le passage du livre de Frontin, dans lequel il est parlé de l'achat d'un fonds destiné à recevoir un aqueduc et à subir les servitudes qui dérivaient du voisinage de ce travail. M. de Fresquet a eu raison encore de citer la loi 53, *Cod. Theod.*, *De operibus publicis*, qui parle d'une indemnité à donner à ceux qui avaient été expropriés des constructions qu'ils avaient bâties auprès des salles destinées à des cours publics; et encore la loi 9, *Cod. Just.*, *De op. pub.*, qui est aussi au Code Théodosien, et qui dit qu'il faut recourir à l'empereur si une maison condamnée à disparaître, par suite d'un ouvrage public, vaut cinquante livres d'argent.

L'expropriation était nécessaire quand les travaux publics portaient atteinte au domaine des particuliers, elle n'était pas indispensable lorsqu'il fallait les établir sur des immeubles dépendant du domaine inaliénable, appartenant à la république ou aux cités et dénommées sous l'appellation de *ager publicus*. Tout le monde sait que les terres du domaine public affermées ou laissées en commun étaient considérables. L'*ager privatus* donnait seul lieu à l'expropriation et à une indemnité. L'*ager publicus* pouvait être repris au moment où son utilisation était nécessaire. En ce cas, l'Etat ou la cité affirmaient leur droit, et les particuliers auxquels une jouissance avait été *concédée* n'avaient point à se plaindre.

Supposons donc que les ouvrages à établir devaient occuper une partie du domaine privé, et recherchons ce qui nous est donné par les textes.

Il n'est pas fait mention, dans nos livres de droit, du mode suivi pour décréter l'expropriation. Pour qu'un propriétaire fût tenu de céder son domaine ou sa maison, il fallait évidem-

ment l'intervention de la puissance publique. Le mode de déclaration nous paraît avoir consisté tout simplement dans l'acte qui ordonnait les travaux publics. Dès lors, quand un particulier, un magistrat municipal, un gouverneur de province entreprenait, sans y avoir été autorisé, un ouvrage de ce genre, il est à penser qu'il n'avait pas le droit de contraindre les propriétaires à lui céder leurs terres et leurs maisons.

Le fonctionnaire chargé de la direction des travaux procédait au règlement de l'indemnité. Tite-Live dit en deux endroits que les biens expropriés ont été achetés *in publicum*, mais ce renseignement est trop incomplet pour que nous fassions des conjectures. (*Titus Livius, lib. 39, cap. 44; lib. 44, cap. 16.*)

Le prix de l'immeuble à exproprier servait à déterminer la compétence du magistrat qui réglait l'indemnité; puisque, si le prix de la maison à acquérir dépassait cinquante livres d'argent c'était l'empereur qui statuait. (L. 9, *Cod. just., De op. pub.*) Nous voyons du reste que l'indemnité a été fixée par le préteur (l. 1, *Cod. just. Com. serv.*), avec l'intervention du sénat. (Tacite, *An-*

nales, liv. 1, c. 75.) Elle était déterminée aussi par un arbitrage, *arbitratu boni viri.* (Frontin, § 125.)

Les magistrats traitaient d'ailleurs cavalièrement certains propriétaires auxquels ils se bornaient à offrir des compensations plus ou moins suffisantes. La loi 50 du titre *De operibus publicis* au Code Théodosien, nous signale un véritable échange. D'autres textes autorisent les expropriés à habiter les étages supérieurs des portiques. (L. 50, *Cod. Theod., eod.*) ou les toureiles placées sur les murs d'une ville. (L. 51, *eod.*) Quelquefois encore les expropriés recevaient pour indemnité une exemption d'impôts. (L. 2, *Cod. Just., Ut nemini liceat.*)

On a posé la question de savoir si l'indemnité devait être préalable; ce que nous venons de dire résout négativement cette difficulté.

L'expropriation devait comprendre, outre le terrain nécessaire à l'établissement des travaux publics, l'espace sur lequel ces travaux imposaient des servitudes. En cas de contestation, le fonds était acheté en entier. L'étendue des servitudes était en général de quinze pieds tout autour des ouvrages (L. 9, *Cod. Theod., De oper. publ.*); de cent pieds pour les greniers publics, qui devaient être dégagés sur leurs quatre faces. (L. 4. et 38, *Cod. Theod., De oper. publ.*)

DE LA SURVEILLANCE DES OUVRAGES PUBLICS

Les magistrats de l'ordre le plus élevé étaient chargés de veiller à la conservation des travaux publics. Les dictateurs, les consuls, les censeurs, les préteurs, les édiles, les questeurs étaient préposés à cet office. Nous savons que sous l'empire le préfet de la ville eut à Rome, puis à Constantinople, cette surveillance dans ses attributions. Le préfet du prétoire, lieutenant de l'empereur, eut la surintendance générale. Tous les autres fonctionnaires furent, en cette matière, comme dans les autres, les subordonnés de son pouvoir. Les proconsuls et les divers gouverneurs des provinces s'occupaient des travaux publics. Aucun ne se trouvait trop haut en dignité pour négliger cette branche de l'administration. Les lois diverses conservées au Code de Justinien et au Code Théodosien, sous le titre *De operibus publicis*, enseignent ce que nous venons de rappeler.

La république romaine avait créé des qua-

tuorvirs curateurs des routes. Ce titre de curateur, *curator*, était un titre générique, pour
désigner les préposés qui surveillaient les routes,
les aqueducs et les autres grands ouvrages.
Nous avons déjà rappelé que César et Bibulus
avaient été choisis pour être, après leur consulat,
les curateurs des voies publiques. Les empe-
pereurs conservèrent l'usage de nommer à cet
office des personnages consulaires. Quand ils
prirent en dehors de cette classe de fonctionnaires, ils voulurent au moins que les curateurs
fussent, après avoir fait approuver leur gestion,
élevés à la dignité de *comites* du premier ordre
et assimilés aux consulaires. (L. unic., *Cod.
Theod., De com. ord. prim.*)

Les curateurs avaient une juridiction (L. 2, *Cod.
Just., De op. pub.*), un personnel nombreux les
assistait; les curateurs des eaux, dit Frontin,
se faisaient précéder par deux licteurs. Les curateurs étaient donc armés pour défendre leurs
droits et faire exécuter leurs arrêts. Des appa-
riteurs pour assigner, des greffiers pour écrire
leurs sentences, des exécuteurs pour contraindre
à l'obéissance étaient leurs auxiliaires.

Lorsque le proconsul, c'est-à-dire le gouverneur d'une province, arrivait dans le pays soumis à son autorité, il commençait par visiter les diverses localités sur lesquelles il avait juridiction. Un de ses premiers devoirs était de visiter les ouvrages publics. Il les examinait avec soin, et, en cas de négligence des autorités locales, il nommait des surveillants capables. (L. 7, *Dig.*, *De off. procons.*) Des envoyés extraordinaires parcouraient l'empire afin d'inspecter les travaux publics. Ils faisaient leur rapport directement à l'empereur. (L. 2, *Cod. Théod.*, *De op. pub.*) Les représentants de l'empereur, *præsides*, *rectores*, *judices*, *comites*, les officiers municipaux, les édiles, les éditues, les architectes, les gardiens ou autres employés s'occupaient de ces ouvrages. Ils formaient une administration complète dans l'administration générale. (Leg. ult. 10, *Dig.*, *De muner. et honor.*)

DE LA DÉPENSE NÉCESSITÉE PAR LES TRAVAUX PUBLICS ET DES MOYENS D'Y POURVOIR

Lorsqu'un particulier voulait éterniser sa mémoire par l'établissement d'un ouvrage important, lui seul en faisait la dépense. Nous avons vu que, sous la république, le sénat engageait ou forçait les consuls, les préteurs, les questeurs enrichis par l'administration d'une province à entreprendre de grands travaux publics. Les triomphateurs y consacraient une partie des dépouilles des vaincus. Ce sont là des ressources exceptionnelles, dont l'emploi était borné dans un rayon fort limité. Il fallait pourvoir aux dépenses par d'autres moyens. Les auteurs qui ont examiné les grands travaux souterrains exécutés pour les égouts de Rome ont pensé que Tarquin le Superbe y avait employé une population de corvéables. A leur avis, il y avait alors des serfs dont l'emploi ne coûtait rien. Ils rappellent à ce propos les travaux des Hébreux en Egypte

et enseignent que le servage de la glèbe a été
une institution universelle. Je suis assez de cet
avis, surtout lorsque je considère que les colons
du Bas-Empire étaient soumis à des lois identi-
ques à celles que subissaient les serfs du moyen
âge ; des comparaisons puisées dans Tacite,
quelques passages de Cicéron fortifient le senti-
ment qui peuple l'antiquité de serfs, mais de là à
une conjecture sur l'emploi des serfs aux travaux
publics il y a trop loin pour qu'il soit légitime
de rien affirmer. Cependant Denys d'Halicarnasse,
qui n'en savait peut-être pas plus que nous, a
laissé un triste tableau de la misère des ouvriers
employés par Tarquin l'Ancien. Le peuple était
contraint de creuser la terre, de porter et tailler
les pierres, de préparer les matériaux. Le roi en-
levait les artisans à leurs professions pour les
employer à ses ouvrages. Il ne payait pas ces
corvéables, les nourrissait à peine, et plusieurs
d'entre eux en vinrent à un tel désespoir qu'ils
eurent recours au suicide.

Ces abus de pouvoir ayant cessé, on dut chercher d'autres ressources. Il n'y a rien de bien
précis sur les fonds consacrés aux travaux pu-

blics d'une utilité générale. Cependant des constitutions impériales ont rappelé l'obligation où
étaient les citoyens de travailler à la construction ou à la restauration des édifices sacrés ou
simplement publics, notamment des chemins et
des ponts ; elles rappellent l'obligation où étaient
les citoyens de faire des charrois et autres cor-
vées ; celle de fournir des voitures et des matériaux appelés *adjumenta* ; de donner des bois de
charpente et autres ; de fournir du charbon ou de
la chaux. (*Cod. Theod.*, *De extraord. et ord.*, et
le titre *De calcis coct.*, ainsi que différents autres
textes cités par M. de Serrigny, liv. 2, tit. 2,
ch. 5.)

Les revenus des biens domaniaux, *agri vecti-
gales*, étaient le plus clair de l'actif des cités ;
les constitutions des empereurs affectèrent un
tiers de ces revenus à la construction ou à la réparation des ouvrages publics. (L. 11, *Cod Just.*,
De oper. pub.). Il semble résulter de certains
autres textes que le tiers des contributions de
toute nature était réservé à cet usage ; cependant
les indictions ne subissaient pas cette retenue
du tiers. Les charges pour les travaux publics

étaient réparties à proportion des possessions de chacun. (*Cod. Just.*, L. 12, *De oper. pub.*). Personne ne pouvait se dispenser de payer l'impôt destiné aux travaux publics; les immunités, les concessions, les priviléges n'étaient là d'aucun effet (L. 1 et 7, *Cod. just.*, *De oper. pub.*) Il faut cependant faire une réserve en faveur des sénateurs, des vétérans et de leurs biens. (L. 7., *Cod. just.*, *De dignit.*) Il y avait d'autres ressources qui sont indiquées dans les textes de loi sous le nom de *Tituli*, mais elles ne sont pas détaillées. Les grandes cités, *clariores*, obligeaient les inférieures, *minores*, à venir à leur secours (*Cod. Theod.*, 1. 18 et 26, *De oper. pub.*), mais une des grandes ressources de l'époque était l'emploi des condamnés aux travaux publics, qu'il ne faut pas confondre avec les condamnés aux mines.

DES RÉPARATIONS A FAIRE AUX OUVRAGES PUBLICS, ET DU MOYEN DE LES PRÉSERVER CONTRE LES EMPIÉTEMENTS.

Les officiers chargés des travaux publics et les receveurs des deniers publics qui y étaient employés étaient responsables pendant quinze ans de toutes les avaries qui pouvaient survenir. Leurs héritiers étaient responsables comme leurs auteurs de tous les vices de construction; les cas fortuits étaient seuls exceptés. (L. 8, *Cod. Just.*, *De oper. publ.*)

Le mode des réparations était réglementé. Les préposés devaient empêcher les fissures ou lézardes et surveiller les couvertures. (L. 7, § 1, *D. De off. procons.*) Ils faisaient enlever avec précaution les statues et les sculptures dont le déplacement était nécessaire; puis ils les faisaient rétablir à leur première place. (L. 16, *Cod. Just.*, *De oper. pub.*)

On avait prévu l'hypothèse où des administrateurs, jugeant un édifice inutile, auraient trouvé bon d'en construire un nouveau avec les matériaux de l'ancien. Il était défendu d'entreprendre cet emploi sans avoir au préalable l'autorisation du préfet du prétoire, sauf le cas où il s'agissait de reconstruire les greniers ou les écuries publics (L. 13, *Cod. Theod.*; *De oper. pub.*); ainsi on ne pouvait, sous aucun prétexte, employer à de nouveaux édifices les marbres et les sculptures des anciens monuments. (*Eod.*)

Les curateurs veillaient au maintien du nom du magistrat qui les avait terminés, sur les édifices publics. Nul autre ne pouvait figurer avec eux, si ce n'est l'empereur.

Les réparations ne donnaient pas le droit au restaurateur d'un édifice de mettre son nom à côté de celui du constructeur. Des constitutions ont eu souvent à régler des difficultés sur cette prérogative. (L. 10, *Cod. Just.*, *De oper. pub.*) Si les constitutions ont été, suivant les temps, plus ou moins sévères à l'égard de l'établissement des ouvrages publics, elles ont en général autorisé ceux qui le voulaient à en entreprendre la restauration. (L. 5, *Cod. Just.*, *De oper. pub.*)

DE L'IMPRESCRIPTIBILITÉ DES OUVRAGES
PUBLICS

Les ouvrages publics n'étaient pas respectés par les particuliers. La surveillance était impuissante à arrêter les empiétements. Les autorités locales étaient loin du centre et sans rapports suivis avec l'administration de l'empire; c'est pourquoi les magistrats municipaux faisaient ou toléraient des entreprises sur ces parties du domaine public. Ainsi, bien que les ouvrages d'une utilité générale fussent imprescriptibles (L. 9, *Dig. De usurpat.*; l. 2, *Cod. Just. Ne rei doman.*), il arrivait que l'on bâtissait en appuyant contre les plus beaux et les plus utiles édifices. Parfois on obtenait l'autorisation d'élever de pareilles constructions parasites; mais ces concessions n'emportaient jamais aliénation de l'ouvrage et ne donnaient jamais le droit de conserver les constructions ainsi faites, quand l'autorité ordonnait de les détruire. Disons donc que les concessions pouvaient toujours être révoquées. (L. 6 et 14, *Cod. Just., De oper. pud.*) Ainsi, quand une construction embellissait l'œuvre à laquelle elle était adossée, on pouvait la conserver, mais c'était par tolérance. (L. 16, *Cod. Just., De oper. pub.*) Le texte de la loi doit surtout être étudié en ce qui touche cette question. Il porte : « La prescription ne peut être opposée au droit public; pas même les rescripts. C'est pourquoi l'on doit démolir toutes les constructions, *omnia*, qui ont été élevées en diverses cités dans leur forum, ou dans tout autre lieu public contre l'ornement, l'avantage ou la simple décoration. » Ces termes sont d'une clarté qui ne laisse aucune prise au doute ou aux distinctions d'un esprit subtil ou bizarre. Par conséquent, la revendication des ouvrages publics était toujours admise. (L. 4, *Cod. Theod., De oper. pub.*)

Les usurpateurs n'en étaient pas quittes pour la perte des biens qu'ils avaient usurpés, ils encouraient encore de fortes amendes. C'était parfois dix mille sesterces, en général cent mille. L'usurpation d'une impasse où d'un portique était punie d'une amende de cinquante livres d'or. (L. 20, *Cod. Theod., De oper. pub.*)

4.

Ainsi les lois avaient réglé la construction et la conservation des ouvrages publics, et le droit moderne n'est en aucune façon plus complet que celui des Romains.

CHAPITRE II

De la législation romaine sur les aqueducs. — Leur importance.

Strabon rapporte qu'il y avait trois sortes d'ouvrages que les Grecs avaient négligés, mais qui avaient été pratiqués par les Romains avec une profusion de dépenses et une magnificence somptueuse dépassant tout ce qui fut jamais entrepris de grand et de splendide dans le reste de la terre. Strabon était en cela l'écho de la Grèce, car Denys d'Halicarnasse a parlé des mêmes travaux avec un égal enthousiasme. Ces trois sortes d'ouvrages comprenaient les aqueducs, les routes et les égouts. Les aqueducs étaient nombreux à Rome, où l'on ne se contentait pas des eaux jaunâtres du Tibre. On était allé chercher à leurs sources les plus claires fontaines du pays d'alentour. Les conduits, faits de main d'hommes, étaient protégés par des ouvrages de maçonnerie établis tantôt sous les montagnes, tantôt sur les vallées, parfois sur des cours d'eau. Les arches sur lesquelles passaient les aqueducs étonnaient les regards par la hardiesse de leur construction, la richesse de leurs décorations. Les réservoirs ou châteaux d'eau étaient des merveilles par leur masse et les sculptures qui les ornaient. Le temps, malgré ses ravages, nous a laissé les restes d'un livre avec lequel on pourrait reconstituer la législation relative aux aqueducs, nous parlons de l'ouvrage de Frontin intitulé *De aquœductu*. Frontin avait été trois fois consul, puis il avait été curateur des eaux. Quand on l'avait fait général d'armée, il avait étudié les stratagèmes militaires sur lesquels il a écrit un travail qui nous est resté. Créé curateur des eaux, il étudia ce qui était relatif à son nouvel emploi, et il a écrit l'ouvrage sur les aqueducs que nous venons de mentionner. C'est là que nous allons surtout prendre les quelques renseignements qui vont suivre.

DES AQUEDUCS DE ROME

Dix fontaines alimentaient les châteaux d'eau
établis à Rome; onze avaient été amenées d'abord,
mais l'une d'elles avait été abandonnée aux habitants du pays qu'elle traversait. Voici leur énu-
mération d'après Frontin : La première, dite
APPIA, devait son nom à Appius Claudius, l'a-
veugle, qui, étant censeur, fit construire la voie
Appienne et le premier aqueduc. La seconde,
dont l'aqueduc avait été établi au prix des dépouilles conquises sur Pyrrhus, se nommait le
Vieil Anio, ANIO VETUS. La troisième, dite
MARCIA, avait été amenée à Rome en l'an 608,
par le préteur Marcius. La quatrième, dite TE-
PULA, avait été conduite à Rome en l'an 627. La
cinquième fut dite JULIA, parce qu'elle fut établie par Agrippa, sous le second consulat de César Auguste, entré, comme on le sait, par l'a-
doption de Jules César, dans la famille de Jules.
La sixième est celle qui fût abandonnée aux ha-

bitants (les Tusculans) dont elle traversait le territoire, elle se nommait CRABRA. La septième, comme les deux précédentes, fut entreprise par Agrippa, elle se nommait Eau vierge, AQUA VIRGO. La huitième était appelée ALSIETINA ou AUGUSTA; elle avait été aussi établie sous Auguste. Son eau était mauvaise et n'était employée que pour l'ornement ou l'arrosage. La neuvième fontaine, dite AUGUSTA, comme la septième, était réunie à l'aqueduc de l'eau MARCIA, quand elle arrivait à Rome. La dixième, dite CLAUDIA, fut entreprise par Caligula et terminée par Claude. La onzième, appelée Nouvel ANIO, date aussi de l'empereur Claude.

Ces fontaines avaient donné lieu à la construction des aqueducs. Celles qui arrivaient à Rome y étaient reçues dans de nombreux réservoirs d'où elles se déversaient pour les différents usages de la ville.

Frontin a remarqué que les plus élevés des châteaux d'eau étaient les plus récents; les plus anciens avaient été placés à une moins grande élévation, comme si les premiers constructeurs avaient été moins instruits des lois du nivellement des liquides.

DES MAGISTRATS PRÉPOSÉS AUX AQUEDUCS

Les premiers magistrats de la république avaient le soin des eaux. Consuls, censeurs, préteurs, édiles se trouvaient honorés d'en être chargés. Plus tard on créa des *quatuorviri*, curateurs des eaux. On les prenait parmi les anciens consuls ou les anciens dignitaires de l'ordre le plus élevé. Le sénat chargea César et Bibulus d'être les curateurs des eaux après leur consulat. Un sénatus-consulte de l'an 743 de Rome accorda aux curateurs des eaux deux licteurs et un personnel spécial, pareil à celui qui était donné aux magistrats chargés de distribuer le blé au peuple.

DE LA CONSTRUCTION ET DE LA CONSERVATION
DES AQUEDUCS

Les censeurs, consuls, préteurs, édiles, curateurs des eaux étaient chargés de tout ce qui
concernait la construction et la conservation des
aqueducs.

Ils étaient armés d'une juridiction qu'ils faisaient respecter par des jugements qu'ils rendaient assistés de leurs greffiers. Ils assignaient
d'abord les contrevenants à comparaître, puis ils
statuaient, enfin ils faisaient exécuter leurs dé-
cisions.

Lorsque nous avons parlé des travaux publics
en général, nous avons rappelé que pour les établir on avait recours à l'expropriation des propriétés privées. Ainsi, quand on voulait établir
un aqueduc, on achetait le terrain destiné à le
recevoir et en même temps une bande de terrain
large de quinze pieds de chaque côté des ouvrages,
afin d'éviter tout prétexte d'empiétement aux ri-

verains. En effet, cette bande de quinze pieds
était partout soumise à une servitude de non-
planter, à cause des dégradations que les ra-
cines auráient pu faire.

Il arrivait quelquefois qu'un propriétaire ne
voulait pas céder la partie de son terrain occupée
par les ouvrages des aqueducs, alors on lui achetait son champ tout entier.

Un sénatus-consulte de l'an 743 de Rome fa-
cilitait la construction des aqueducs en autori-
sant les curateurs des eaux à prendre sur les
terres des particuliers, moyennant uue indemnité réglée *arbitrio boni viri*, la terre, l'argile,
les sables, la pierre, la brique, le bois et les
autres matériaux.

Malgré tant de précautions, les règles établies
étaient mal observées. Les riverains faisaient
tous leurs efforts pour prendre de l'eau. L'art
de voler, aussi vieux que Mercure, a été pratiqué chez les anciens avec un raffinement dont
les Anglais et les Américains eux-mêmes n'ap-
prochent pas; la sévérité des peines, la vigi-
lance des magistrats étaient impuissantes à
prévenir la fraude.

5

DES CONCESSIONS D'EAU

Les aqueducs établis pour l'utilité générale étaient destinés à distribuer l'eau partout où l'on pouvait en avoir besoin. Frontin nous a laissé le tableau de la distribution qui se faisait immédiatement avant son temps, c'est-à-dire avant la réforme opérée par Nerva; nous voyons figurer les particuliers dans le relevé qu'il donne. Prenons pour exemple l'eau Appia : sur 699 *quinaires*, 194 étaient attribués aux particuliers. Ceux-ci en jouissaient par la faveur du prince, *beneficio principis*. Ces deux mots, *beneficium principis*, ont singulièrement attiré l'attention des juristes, qui les ont vus s'appliquer à une concession longtemps avant le régime des fiefs et des bénéfices. Nous constatons le fait sans nous y appesantir aujourd'hui, nous y reviendrons une autre fois.

Les particuliers pouvaient donc obtenir une portion d'eau pour leur usage. Une ancienne

loi, dont nous n'avons pas la date, défendait ces
concessions, mais elle avait permis de concéder
l'eau qui s'échappait des aqueducs et se perdait
autour des conduits. Bien qu'il fût dit que cette
eau serait cédée seulement pour les foulons
et les bains publics, il en advint de déplo-
rables abus. Les riverains, d'accord avec les
fontainiers, faisaient ou augmentaient les fentes
ou fissures. On décida donc que, pour éviter ces
déprédations, toute concession serait prise à un
château d'eau, et il fut interdit, sous des peines
sévères, de pratiquer des saignées sur les tuyaux
de conduite.

Les censeurs et les édiles se disputaient, sous
la république, le droit de faire ces concessions,
qu'elles fussent à titre gratuit ou à prix d'argent. Les empereurs furent soucieux de se ré-
server cette facilité.

On appelait *modules*, *formes*, et d'autres noms
encore, l'étendue de la concession. La mesure
du module, évaluée d'abord par doigts ou par
onces, était essentiellement variable, parce que
la dimension des doigts et des onces n'était pas
uniforme dans la république. Il y avait aussi

des doigts carrés et des doigts ronds, de sorte
que ces prétendues unités de mesure ne pouvaient servir à rien.

Dans la suite on prit un autre terme de com-
paraison; il fut appelé quinaire. C'était une
mesure ayant cinq quarts de doigt pour diamètre.
On n'est pas bien fixé sur sa valeur ni sur son
origine. Quoi qu'il en soit, qu'elle vînt d'Agrippa
ou de Vitruve, Frontin la trouva en vigueur : c'est
sur elle qu'il dressa la situation des aqueducs
soumis à sa juridiction.

CONDITIONS IMPOSÉES AUX CONCESSIONNAIRES

Les concessions étaient inscrites sur des registres publics. Leur étendue était déterminée par le nom du module qui leur était donné. On connaissait vingt-cinq modules, vingt et un se rapportaient à des mesurages connus et appréciables par la manière dont on comptait dans les pays occupés par les aqueducs. Quatre modules, au contraire, n'avaient pas eu d'autre raison d'être que le caprice des fontainiers. Les concessionnaires étaient soumis à l'obligation de prendre le module que le curateur des eaux leur imposait. En effet, on avait remarqué que ce module devait être variable suivant la quantité d'eau concédée et la vitesse du courant. La position du tuyau de débit entrait en ligne de compte, l'inclinaison de ce tuyau était un des éléments du calcul. Enfin aucun des physiciens modernes ne saurait mieux combiner toutes les lois de l'écoulement des liquides que ne l'ont fait les curateurs des eaux.

5.

Après que l'étendue de la concession avait été fixée et que le module était déterminé, on réglait les dimensions du calice ou bec par où la prise d'eau s'effectuait. L'orifice de cette prise avait une ouverture déterminée par l'acte de concession ; mais cela ne semblait pas suffisant. On voulait encore que le tuyau placé à cet orifice fût en bronze ; il était de la largeur de l'ouverture et d'une longueur d'environ douze doigts au moins.

DU DROIT QUE POUVAIENT PRÉTENDRE LES CONCESSIONNAIRES ET LES POSSESSEURS DES EAUX.

La concession étant régulière, les travaux bien établis, les conduits disposés suivant les règlements, il reste à savoir si le droit des concessionnaires était incommutable. Frontin semble indiquer que l'on pouvait toujours reprendre les concessions. En effet il rappelle que Nerva classa toutes les fontaines, plaça la Marcia au premier rang et la réserva tout entière pour la boisson. Il paraît donc admettre qu'un règlement d'eau faisait disparaître les concessions.

Un sénatus-consulte de l'an 743, date du consulat d'Ælius Tubéron et de Paulus Fabius Maximus, qui devaient être curateurs des eaux en sortant de charge, détermina *qu'à l'exception des eaux destinées aux bains publics ou concédées au nom d'Auguste, toute concession durerait tant que les mêmes possesseurs jouiraient du terrain pour lequel elle était concédée.* Ainsi le droit à la concession était personnel et ne passait pas à l'acquéreur ou à l'héritier du concessionnaire. Lorsqu'une concession devenait vacante, on en faisait mention sur les registres et on l'annonçait publiquement. La distribution de l'eau était immédiatement interrompue d'abord ; mais Nerva accorda une prorogation de trente jours aux nouveaux possesseurs, afin de ne pas priver tout à coup les domaines de l'eau qui leur était nécessaire et pour donner le temps aux intéressés de se faire concéder l'eau qui avait été accordée à leur prédécesseur.

Les possesseurs des eaux ne paraissent pas avoir eu la possibilité d'acquérir par la prescription ce qu'ils avaient usurpé par eux ou par leurs auteurs. Ainsi Frontin se vante d'avoir repris 213 quinaires d'eau de la *fontaine Julia* qui avaient été détournés sans concession, *beneficiis principis.* Il rappelle que toutes les eaux interceptées par la fraude ou se perdant par négligence avaient été recueillies par Nerva. D'autres passages encore se réfèrent à des faits semblables, jamais il n'est parlé de prescription.

RÈGLES GÉNÉRALES DU DROIT SUR LES AQUEDUCS APRÈS LE TEMPS DE FRONTIN

Nous n'avons parlé jusqu'ici que des aqueducs de Rome, parce que Frontin, le meilleur de tous les guides en cette matière, ne s'est pas occupé des autres; mais ces travaux, imités dans les provinces, y étaient régis par les mêmes lois que celles dont Frontin a perpétué le souvenir. Les grandes cités de l'empire avaient fait des dépenses considérables pour obtenir les eaux nécessaires aux besoins et au luxe des habitants. Les restes de l'aqueduc qui s'élevait au-dessus du Gard étonnent encore de nos jours le voyageur émerveillé. On pourrait trouver des analogues auprès de toutes les villes; la difficulté diminuait suivant les lieux et la quantité des eaux amenées; partout l'architecture et la sculpture réunissaient leurs efforts pour embellir les ouvrages utiles à la conduite des eaux.

Les aqueducs étaient donc partout une grande affaire.

Ils étaient sous la surveillance du préfet du prétoire avant tout, sous celle du préfet de la ville à Rome et à Constantinople; dans les provinces, le gouverneur en était chargé. Par gouverneur général il faut entendre les pro-consuls, les préteurs, le préfet de l'Egypte, le comte de l'Orient. Des curateurs spéciaux étaient encore préposés à la conduite des eaux; nous savons qu'on les appelait les personnages consulaires chargés des eaux. L'intendant de la liste civile, *comes rei privatæ*, avait la surveillance des acqueducs, en ce qu'ils avaient de commun avec les palais impériaux. (*Cod. Just., Cod. Theod., De aquæductu. Iisdem Cod., Tit. De divers. off.*)

La dépense des eaux était préférée à toute autre : on lui a consacré parfois les sommes que les préteurs étaient dans l'usage d'employer aux jeux publics. (L. 29 et 30, *Cod. Theod., De prætor.*)

Le trésor public se chargeait parfois de tous les frais de l'établissement ou de la réparation des aqueducs. (L. 8, *Cod. Theod., De aquæ-ductu.*)

Nous avons parlé des obligations des cités en ce qui touche la dépense des travaux publics, il va de soi que les aqueducs prenaient leur part des sommes ainsi affectées.

La corvée était encore un moyen d'établir ou de réparer de pareils ouvrages. Quand les lois ou l'usage soumettaient certaines localités à cet impôt, personne ne pouvait s'en dire exempt. (L. 7, *Cod. Just., De oper. pub.*)

On employait aux aqueducs les prestations en nature. (L. 3, *Cod. Theod., De calc. coct.*).

Les habitants dont les propriétés étaient traversées par des aqueducs devaient les réparer, sous peine de perdre les biens ainsi traversés, mais en échange ils étaient dégrevés des contributions extraordinaires. (L. 1, *Cod. Theod., De aquæductu.*)

On prenait les matériaux nécessaires à ces réparations partout où l'on pouvait en trouver, quelquefois on y employait les débris des temples détruits. (L. 36, *Cod. Theod., De oper. publ.*)

Comme précédemment, nul ne pouvait prendre

de l'eau aux aqueducs, à moins d'avoir obtenu une concession du prince. Des peines sévères atteignaient les usurpateurs, même ceux qui, ayant déjà une concession, se donnaient plus d'eau qu'ils n'en avaient obtenu, ou qui se servaient de tuyaux autres ou autrement placés que cela ne leur était ordonné.

Surtout les concessionnaires devaient bien se garder de prendre l'eau de leurs concessions ailleurs qu'aux châteaux d'eau.

Ces points étant établis et en nous abritant sous les règles du droit que nous avons exposées, nous arrivons à la difficulté qui nous a été exposée: si les eaux d'une fontaine conservée par les travaux publics peuvent être prescrites.

DE L'IMPRESCRITIBILITÉ DU DOMAINE PUBLIC.

L'imprescriptibilité du domaine public est établie par des textes indiscutables. Nous avons eu occasion de le montrer plus haut ; cependant il importe d'y revenir ici et d'y insister en copiant les expressions mêmes insérées dans le corps du droit. La loi 9 du titre du Digeste *De usurpationibus et usucapionibus* est ainsi conçue :

Usurpationem recipiunt maximè res corporales, exceptis rebus sacris, sanctis, publicis populi romani et civitatum, item liberis hominibus. Ce fragment est emprunté au livre 16ᵉ de Gaïus sur l'édit provincial. A l'époque de Gaïus, le mot *usurpatio* était souvent synonyme d'usucapion, c'est-à-dire de jouissance capable de faire acquérir la propriété. Ce n'est qu'exceptionnellement que les mots *usucapio* et *usurpatio* étaient opposés l'un à l'autre. Alors *usurpatio* signifiait une interruption de la jouissance commencée et par conséquent une interruption de la prescription.

Tous les jurisconsultes sont d'accord pour interpréter dans notre passage le mot *usurpatio* avec le sens d'usucapion; d'où il suit qu'aux termes de notre loi les biens du domaine public du peuple romain ou des cités n'étaient pas susceptibles d'usurpation et ne pouvaient pas se prescrire.

Il faut rapprocher de la loi 9 précitée le titre entier du code intitulé : *Ne rei dominicæ vel templorum vindicatio temporis præscriptione submoveatur.* Il traite de l'imprescriptibilité des choses sacrées ou saintes et de celle des biens du prince; or Gaïus a placé sur la même ligne les choses saintes ou sacrées, les choses du domaine public et la liberté humaine.

La première constitution rapportée sous le titre *Ne rei dominicæ, etc.*, déclare que les esclaves fugitifs, les affranchis et les serfs de la glèbe qui avaient quitté les domaines de l'empereur pourront toujours y être ramenés, et que les fonctions dont ces malheureux auront été revêtus, pas plus que le temps écoulé depuis leur fuite, n'empêcheront pas la revendication.

La seconde constitution de ce même titre ordonne de revendiquer toutes les terres du domaine public aliénées par leurs possesseurs : *Universas terras quæ à colonis, sive emphyteuti causis, dominici juris, reipublicæ, vel juris sacrorum templorum, in qualibet provincia venditæ, vel ullo pacto alienatæ sunt, ab his qui perperam atque contra leges eas detinent, nulla longi temporis præscriptione efficiente, jubemus restitui : ità ut nec pretium quidem iniquis comparationibus reposcere liceat.*

Ainsi cette revendication était autorisée contre les détenteurs malgré la durée de leur possession, le titre qu'ils invoquaient et sans qu'il leur fût permis de réclamer le prix qu'ils avaient déboursé pour obtenir cette possession. La troisième et dernière loi de ce même titre porte que les biens du domaine de l'empereur et du domaine public ne pouvaient être acquis par une longue possession ou par l'enregistrement des titres des détenteurs dans les registres publics : *Neque enim incubatio diuturna, aut novella professio, proprietatis nostræ privilegium abolere potest.*

Ainsi les biens sacrés affectés aux temples des

dieux, les biens de la liste civile et ceux du domaine public ne pouvaient être l'objet d'une appropriation personnelle. L'inscription du nom du possesseur sur les registres publics ne servait pas à couvrir le vice de cette possession.

Or ces principes sur l'éternelle revendication des droits du domaine public ont été admis en matière de travaux d'utilité générale; ils ont été formulés dans une constitution rapportée au titre du code *De operibus publicis* qualifiée d'élégante par les commentateurs. La prescription ne peut faire obstacle au droit public, y est-il dit, et les décrets impériaux n'ont pas une plus grande force. C'est pourquoi il faut détruire toutes les constructions qui ont été élevées dans les diverses villes ou dans le forum ou dans un lieu public quelconque de la cité au préjudice de l'ornement, de la commodité ou de la beauté de l'aspect.

Præscriptio temporis juri publico non debet obsistere : sed nec rescripta quidem : atque ideo diruenda sunt omnia quæ per diversas urbes vel in foro, vel in publico quocunque loco, contrà ornatum, et commodum, ac decorum fa-

ciem civitatis exstructa noscuntur. (L. 6, *Cod.
De oper. pub.*)

Si les rescrits ne peuvent faire obstacle à la revendication des biens du domaine public, il faut admettre qu'une concession accordée par le prince ne sera jamais suffisante pour constituer une aliénation du domaine public. Tout le monde est d'accord sur ce point, seulement on a fait une difficulté à propos des concessions d'eau.

IMPRESCRIPTIBILITÉ DES CONCESSIONS D'EAU

Frontin a écrit dans son ouvrage comment l'eau était distribuée de son temps. Il a noté la quantité que l'on prenait à chaque cours principal et il a montré comment les camps, les théâtres, les bains, les maisons particulières recevaient l'eau des réservoirs publics. Le même Frontin nous parle des concessions et nous apprend qu'elles ne passaient ni à l'héritier, ni à l'acquéreur de l'immeuble auquel elles étaient utiles. Le nouveau possesseur devait obtenir une nouvelle concession, mais il n'y avait pas droit. En effet, un sénatus-consulte de l'an 743 de Rome portait qu'à l'exception des eaux destinées aux bains publics ou concédées *au nom d'Auguste* toute concession serait maintenue tant que les mêmes possesseurs jouiraient du fonds pour lequel ils avaient reçu l'eau.

Aussi quand une concession était vacante on

en faisait l'annonce, et on le mentionnait sur les registres tenus à cet effet. Puis on pouvait l'accorder à ceux qui la demandaient. On n'interrompait pas la distribution aussitôt que le possesseur changeait; on la laissait pendant trente jours au nouveau propriétaire, pour lui donner le temps de faire sa soumission et de conserver des *eaux qui* pouvaient lui être nécessaires. Telles sont les explications de Frontin : elles ne laissent en suspens que la question de savoir si les concessions accordées par le prince étaient perpétuelles.

Il résulte de plusieurs constitutions que l'empereur seul avait droit de faire des concessions d'eau. Les empereurs Théodose et Valentinien avaient ordonné que si quelqu'un avait mérité une concession d'eau par une libéralité du prince, *per divinam liberalitatem jus aquæ*, il ne devait pas s'adresser aux recteurs des provinces, hommes très-illustres, *viris clarissimis*, mais bien faire parvenir ses lettres patentes, *cælestes apices*, au préfet du prétoire. (L. 8, *C. Theod.*, *De aquæductu; L. 5, C. Just., eod.*) Les préfets du prétoire s'entouraient ensuite de renseignements auprès des magistrats locaux et rendaient la concession exécutoire. Il faut bien prendre garde à cette loi que l'empereur Anastase a rappelée et maintenue en vigueur (L. 11, *Cod. Just., eod.*), parce qu'elle nous servira bientôt à juger la question de savoir si les concessions étaient révocables malgré les constitutions du prince et malgré la prescription.

Ici deux textes spéciaux sont invoqués : l'un semble autoriser le retrait des concessions, l'autre décide au contraire que ces concessions anciennes doivent être respectées. Le point à décider est de savoir si ces lois sont en désaccord, si elles peuvent au contraire être conciliées, et dans cette dernière hypothèse, de dire comment elles peuvent être exécutées toutes les deux.

A mon sens, elles ne sont nullement contradictoires. Il serait absurde, en effet, de penser que Justinien a mis dans le même livre, dans le même titre, deux textes qui contiendraient des dispositions inconciliables. Ceci posé, examinons les lois dont il s'agit. L'empereur Zénon ordonne dans l'une de rechercher quelles ont été autre-

fois les fontaines publiques, ou celles qui, étant
d'abord privées, ont été plus tard employées aux
usages communs. Il veut qu'elles soient reprises,
même celles qui ont été *concédées par le prince,*
pour être rendues au domaine de la ville :
Diligenter investigari decernimus, qui publici
ab initio fontes, vel cum essent ab initio fontes
privati, postquam publice usum præbuerunt, ad
privatorum usum conversi sunt, sive sacris
apicibus per surreptionem impetratis, ac multo
ampliùs, si auctoritate illicita, nec appetito
colore sacri oraculi hujusmodi aliquid perpe-
ratum fuisse dignoscitur : ut jus suum regiæ
civitati restituatur, et quod publicum fuit ali-
quando, minimè sit privatum, sed ad communes
usus recurrat; sacris oraculis vel pragmaticis
sanctionibus adversùs commoditatem urbis qui-
busdam impertitis jure casandis, nec longi
temporis ad circumscribenda civitatis jura pro-
futura. (L. 9, *Cod. Just., De aquæduct.*)

L'empereur annule donc les rescrits, les concessions dont il a gratifié les particuliers. Il faut
que l'usage des eaux retourne à la municipalité.

Tous les jurisconsultes ont applaudi à cette

décision, dont on ne peut apprécier ici l'opportunité. Il semble que depuis Trajan trop de concessions avaient été faites et que Zénon se décide à partager de nouveau les eaux, par des règlements devenus nécessaires par les abus constants d'un pouvoir despotique. On admet cette donnée; mais on veut limiter notre loi à l'usurpation d'une fontaine tout entière, ce qui semble au moins étrange au premier abord. Ainsi l'on suppose le cas où une fontaine est absorbée, et l'on est d'avis que le domaine public est toujours en droit de la revendiquer; s'il s'agit d'une fraction du cours d'eau, la concession devra être, dit-on, respectée. On ne voit pas que plusieurs concessions partielles font un entier, et que protéger ces concessions d'une manière absolue, c'est mettre en péril l'intérêt de tous. On ne nie pas l'argument, on se contente de le combattre par un texte, la quatrième loi, insérée au Code dans le titre *De aquæductu.* Cette loi est une constitution d'Arcadius et d'Honorius, adressée à Astérius, comte d'Orient, dont la résidence était à Antioche. Libanius nous a fait connaître la richesse de cette intraitable cité de sept cent mille âmes. Les passions politiques et religieuses l'agitaient sans cesse. Elle était païenne sous la domination des empereurs chrétiens, chrétienne sous la domination des empereurs païens; tantôt elle était arienne et tantôt elle se disait catholique. Son but était de secouer le joug de la cour de Rome ou des eunuques de Byzance. Assise dans une délicieuse situation, au bord d'une petite rivière, entourée de maisons de campagne et de jardins, sans rivaux, la reine de l'Orient ne voulait pas reconnaître la suzeraineté d'une autre ville.

Les jardins y étaient arrosés par des fontaines amenées à grands frais. Leur agrément dépendait des irrigations, et tout était mis en œuvre pour obtenir ou même arracher de l'eau. Le climat l'exigeait, les propriétaires ne reculaient devant aucun moyen pour en obtenir. Astérius, appelé à régir une ville aussi difficile à conduire, semble avoir été circonvenu par des sollicitations qu'il avait transmises à l'empereur. Celui-ci lui répond de ne pas innover, mais de respecter ce qui fut autrefois établi. Je pense donc que la loi dont je parle, sans aucune portée sur l'avenir, a été écrite pour un débat particulier. Elle est dans le Code comme un exemple bon à suivre, et ne peut signifier au delà de son texte, que voici : *Usum aquæ veterem longo dominio constitutum, singulis civibus manere censemus, nec ullâ novatione turbari : ita tamen ut quantitatem singuli, quam veteri licentia percipiunt, more usque in præsentem diem durante, percipiant ; mansurâ pœnâ in eos qui ad irrigationes agrorum, vel hortorum delicias, furtivis aquarum meatibus abutuntur.*

Pourquoi Astérius avait-il recouru à l'empereur ? telle est l'interrogation que l'on peut s'adresser. La réponse est facile. Les gouverneurs des provinces n'ont jamais été de force à défendre l'intérêt général contre les appétits des particuliers. Ils ne pouvaient pas toucher aux concessions d'eau pour les modifier ; c'était une faculté réservée à l'empereur seul, et le gouverneur d'une province devait attendre administrativement ce que déciderait le ministère ou secrétariat, *scrinium.* Telle est la disposition de la loi 11, Cod. *De aquæductu.*

Astérius n'avait donc pas eu le droit de modifier la jouissance des eaux que possédaient les habitants d'Antioche; s'il l'avait fait même provisoirement, il aurait outrepassé ses pouvoirs. Pour opérer régulièrement, il avait dû demander les ordres de l'administration centrale, qui lui répondait en lui ordonnant de ne rien modifier.

D'ailleurs, on ne saisit pas comment les auteurs prétendent que dans la loi 4, adressée au comte d'Orient, il n'est parlé que de simples concessions, tandis qu'il serait question de fontaines entières dans la loi 9 précitée. La raison de décider qu'il s'agit de concessions, dans la loi 4, est tirée de ce qu'il y est parlé de l'usage des eaux; or ce mot *usum*, usage, est répété dans la loi 9. Par conséquent, ces deux lois différentes dans leurs applications dérivent des mêmes principes. L'empereur, usant de son droit, a maintenu les anciens errements usités à Antioche, il les a révoqués dans la loi 9, *Cod. Just., De aquæductu.*

Les usurpations sur le domaine public ont été fréquentes en France, leur confirmation a été souvent ordonnée; mais usurpations, concessions, priviléges ont été souvent renversés par la reprise des biens mal à propos considérée comme aliénés définitivement.

Pourtant Cujas et, comme lui, Jacques Godefroy, c'est-à-dire les deux plus savants jurisconsultes, ont pensé que la constitution sur Antioche pouvait autoriser la prescription d'une concession ou d'un usage d'eau. Leur opinion est une autorité considérable, qui ne s'appuie que sur notre texte, sans autre argument.

Disons cependant que Jacques Godefroy semble n'avoir fait que répéter les expressions mêmes de Cujas et que l'opinion de celui-ci est dans un ouvrage publié après sa mort. Cette observation diminuera singulièrement le poids des autorités contre lesquelles j'ai écrit ce travail. D'ailleurs, pour répondre à de si grands personnages, j'ai eu soin de mettre les pièces du procès sous les yeux du lecteur: il appréciera.

M. Troplong s'est trouvé mal à l'aise au milieu de cette discussion. Il a essayé de montrer que Cujas et, après lui, Denys Godefroy, avaient eu raison de distinguer entre l'usurpation d'un cours d'eau et l'usurpation d'une concession. La dissertation de cet éminent jurisconsulte est empreinte d'hésitations qu'il n'avait pas ordinairement dans ses premiers ouvrages.

Il est fâcheux qu'il se soit arrêté à l'écorce, car, avec sa logique puissante, ce savant jurisconsulte aurait fait triompher la vérité. D'ailleurs il est une autre manière d'argumenter avec laquelle il aurait renversé son système. C'était d'examiner ce qu'était une concession, si concéder était aliéner, ou si ce n'était pas accorder une simple tolérance. Il aurait trouvé des textes pour appuyer la dernière opinion : il n'en existe pas de favorables à la première. Partant de là il se serait demandé si les actes de tolérance pouvaient autoriser une prescription. Ce côté de la question n'a pas été envisagé par M. Troplong; je signale que c'est une lacune sur laquelle il importe de s'arrêter si l'on veut faire une dissertation complète.

Quant à moi, je crois que les sources publiques et leur usage étaient imprescriptibles en Droit romain; j'en ai pour garants les révis ons des concessions qui sont attestées par Frontin et par les textes du *corpus juris*. Reste à savoir ce qui doit advenir du procès pendant à l'occasion duquel cette étude a été faite. Le cas est soumis aux tribunaux, qui auront à combiner le Droit romain, l'ancien Droit français, et la législation moderne. Il y a un litige, les juges le trancheront, je n'ai point le désir de m'y mêler ; j'ai traité un point d'histoire, sans plus ni moins.

2100. — PARIS. — IMPRIMERIE POITEVIN, RUE DAMIETTE, 2 ET 4.

POUR PARAITRE PROCHAINEMENT

un fort volume intitulé

ÉTUDE HISTORIQUE

SUR L'ART

DANS LA RÉDACTION

PAR

M. P.-A.-F. MALA...